Lk 50

VICTOIRES
DE
L'ARMÉE FRANÇAISE

1214-1885

VICTOIRES

DE

L'ARMÉE FRANÇAISE

1214-1885

PARIS

IMPRIMERIE NATIONALE

M DCCC LXXXVI

VICTOIRES
DE
L'ARMÉE FRANÇAISE
1214-1885

27 juillet 1214	BOUVINES (Bataille de)	PHILIPPE-AUGUSTE contre l'empereur OTHON IV.
12 septembre 1224	LA ROCHELLE (Prise de)...	LOUIS VIII sur SAVARI DE MAULÉON et les Anglais.
21 juillet 1242.........	TAILLEBOURG (Bataille de)..	LOUIS IX contre HENRI III d'Angleterre.
24 juillet 1242	SAINTES (Bataille de)......	LOUIS IX contre HENRI III d'Angleterre.
5 juin 1249	DAMIETTE (Bataille de)....	LOUIS IX contre FAKHR-EDDIN.
29 octobre 1270	LA GOULETTE (Combat de).	PHILIPPE III contre le soudan OMAR.
14 août 1285.........	GIRONE (Combat près de)..	CONNÉTABLE DE NESLE contre DON PÈDRE D'ARAGON.
7 septembre 1285	GIRONE (Prise de).......	PHILIPPE III sur les ARAGONAIS.
13 août 1297.........	FURNES (Bataille de)......	ROBERT II, comte D'ARTOIS, contre les FLAMANDS.

18 août 1304........	MONS-EN-PUELLE (Bataille de).	PHILIPPE IV contre Philippe DE RIETI, Jean DE NAMUR et Guillaume DE JULIERS.
23 août 1328........	CASSEL (Bataille de)......	PHILIPPE VI contre ZONNEKINS, bourgmestre de Bruges.
27 mars 1352........	LES TRENTE (Combat de), près PLOERMEL.	ROBERT DE BEAUMANOIR et 29 gentilshommes bretons contre RICHARD BRAMBOROUGH, 19 anglais, 4 bretons et 6 allemands ou flamands.
16 mai 1364........	COCHEREL (Combat de)....	DU GUESCLIN contre Jean DE GRAILLY.
14 mars 1369........	MONTIEL (Bataille de).....	DU GUESCLIN contre PIERRE LE CRUEL, roi de Castille.
Octobre 1370........	PONTVALAIN (Bataille de)...	DU GUESCLIN contre Robert KNOLLES.
Août 1372..........	SOUBISE (Combat de).....	YVAIN DE GALLES contre Jean DE GRAILLY, *qui est fait prisonnier*.
21 mars 1373........	CHIZEY (Bataille et prise de).	DU GUESCLIN contre les ANGLAIS.
13 juillet 1380......	CHATEAUNEUF-RANDON (Prise de).	DU GUESCLIN sur les ANGLAIS.
27 novembre 1382....	ROOSEBEKE (Bataille de)...	CHARLES VI et OLIVIER DE CLISSON contre Philippe ARTEVELDE, *qui est tué*.
23 mars 1421........	BAUGÉ (Bataille de).......	LA FAYETTE et BUCHAN contre le duc DE CLARENCE, *qui est tué*.
Octobre 1423........	LA GRAVELLE (Bataille de)..	COMTE D'AUMALE contre John DE LA POOLE.
Juillet 1427.........	MONTARGIS (Levée du siège de).	DUNOIS et LA HIRE contre TALBOT et les comtes DE WARWICK et DE SUFFOLK.

8 mai 1429.........	ORLÉANS (Levée du siège d').	JEANNE D'ARC contre le comte DE SUFFOLK et TALBOT.
18 juin 1429.........	PATAY (Bataille de).......	JEANNE D'ARC et le connétable DE RICHEMONT contre TALBOT, *qui est fait prisonnier par Saintrailles.*
25 octobre 1430......	GERMIGNY (Combat de)....	SAINTRAILLES contre les ANGLAIS.
Décembre 1430.......	LA CROISETTE (Combat de).	BARBAZAN contre ARUNDEL.
10 mai 1435.........	GERBEROY (Bataille de)....	SAINTRAILLES et LA HIRE contre ARUNDEL, *qui est tué.*
22 octobre 1437......	MONTEREAU (Prise d'assaut de).	CHARLES VII sur les ANGLAIS.
19 septembre 1441....	PONTOISE (Prise d'assaut de).	CHARLES VII sur les ANGLAIS.
14 août 1443.........	DIEPPE (Levée du siège de).	LE DAUPHIN contre l'armée de TALBOT.
26 août 1444.........	SAINT-JACQUES (Bataille de).	LE DAUPHIN contre les SUISSES.
19 octobre 1449......	ROUEN (Prise de).........	CHARLES VII sur le duc DE SOMERSET et TALBOT.
18 avril 1450.........	FORMIGNY (Bataille de)....	CONNÉTABLE DE RICHEMONT et comte DE CLERMONT contre Thomas KYRIEL, *qui est fait prisonnier.*
22 mai 1451.........	BLAYE (Prise d'assaut de)...	DUNOIS sur les ANGLAIS.
23 juin 1451.........	BORDEAUX (Prise de)......	DUNOIS sur les ANGLAIS.
18 août 1451.........	BAYONNE (Prise de).......	DUNOIS sur Jean DE BEAUMONT.

17 juillet 1453.......	CASTILLON (Bataille de)....	COMTE DE PENTHIÈVRE contre TALBOT, qui est tué.
8 septembre 1494....	RAPALLO (Bataille de)......	DUC D'ORLÉANS contre les NAPOLITAINS.
24 juin 1495.........	SEMINARA (Bataille de)....	D'AUBIGNY contre GONSALVE DE CORDOUE.
6 juillet 1495.......	FORNOUE (Bataille de).....	CHARLES VIII contre François DE GONZAGUE.
Octobre 1495........	EBOLI (Bataille d')........	SIRE DE PRÉCI contre les SICILIENS.
Avril 1503...........	TERRA-NUOVA (Bataille de).	D'AUBIGNY contre les ESPAGNOLS.
27 décembre 1503.....	GARIGLIANO (Défense du pont de).	BAYARD contre GONSALVE DE CORDOUE.
14 mai 1509.........	AGNADEL (Bataille d').....	Louis XII contre L'ALVIANO, qui est fait prisonnier.
21 mai 1511.........	CASALECCHIO, dite JOURNÉE DES ÂNIERS (Bataille de).	MARÉCHAL DE TRIVULCE contre le duc D'URBIN et les troupes papales.
Février 1512........	ISOLA DELLA SCALA (Bataille d').	GASTON DE FOIX contre le général vénitien BAGLIONI.
19 février 1512......	BRESCIA (Prise d'assaut de).	GASTON DE FOIX et BAYARD sur les VÉNITIENS.
11 avril 1512........	RAVENNE (Bataille de).....	GASTON DE FOIX contre PEDRO NAVARRO.
13-14 septembre 1515..	MARIGNAN (Bataille de)....	FRANÇOIS Ier contre le cardinal DE SION et les Suisses.
Septembre-octobre 1521.	MÉZIÈRES (Défense de)....	BAYARD contre le comte DE NASSAU et FRANZ DE SICKINGEN.

14 avril 1544........	CERISOLES (Bataille de)....	COMTE D'ENGHIEN contre le marquis DU GUAST, *qui est blessé*, et les Impériaux.
1er janvier 1553.......	METZ (Levée du siège de)..	FRANÇOIS DE GUISE contre CHARLES-QUINT et le duc D'ALBE.
13 août 1554.........	RENTI (Bataille de).......	HENRI II contre CHARLES-QUINT.
10 mars 1555........	CASAL (Prise de)	MARÉCHAL DE BRISSAC sur les Impériaux.
8 janvier 1558.......	CALAIS (Reprise de)......	FRANÇOIS DE GUISE sur lord WENTWORTH.
22 juin 1558.........	THIONVILLE (Reprise de)...	FRANÇOIS DE GUISE sur les Impériaux.
19 septembre 1591....	PONTCHARRA (Bataille de)..	LESDIGUIÈRES contre les SAVOYARDS.
21 décembre 1591.....	VINON (Bataille de).......	ÉPERNON contre le duc DE SAVOIE.
5 février 1592.......	AUMALE (Bataille d')......	HENRI IV contre le duc DE PARME.
5 juin 1595.........	FONTAINE-FRANÇAISE (Combat de).	HENRI IV contre VELASCO.
17 septembre 1597....	LONGPRÉ (Bataille de), sous AMIENS.	MAYENNE contre l'archiduc ALBERT.
25 septembre 1597....	AMIENS (Prise d').........	HENRI IV sur l'archiduc ALBERT.
6 mai 1629..........	LE PAS DE SUZE (Combat de)	LOUIS XIII contre le duc DE SAVOIE.
10 juillet 1630	VEILLANE (Bataille de)	MONTMORENCY contre SPINOLA.

20 mai 1635..........	AVEIN (Bataille d')........	MARÉCHAUX DE CHÂTILLON et DE BRÉZÉ contre le prince THOMAS DE SAVOIE.
24 mai 1635..........	MONTBÉLIARD (Combat de).	DUC DE LA FORCE contre le duc DE LORRAINE.
22 juin 1636..........	BUFFALORA (Bataille de)...	CRÉQUI contre le marquis DE LEGANEZ.
28 septembre 1637....	LEUCATE (Bataille de).....	SCHOMBERG contre le duc DE CARDONA et SERBELLONI.
3 mars 1638........	RHEINFELD (Bataille de)...	BERNARD DE SAXE-WEYMAR et le duc DE ROHAN contre Jean DE WERTH.
29 juin 1639..........	HESDIN (Prise d').........	LOUIS XIII et LA MEILLERAIE sur PICCOLOMINI.
28 avril 1640	CASAL (Bataille sous)......	HARCOURT contre LEGANEZ.
22 septembre 1640....	TURIN (Prise de).........	HARCOURT sur le prince THOMAS et LEGANEZ.
29 juin 1641..........	WOLFENBÜTTEL (Bataille de)	GUÉBRIANT contre l'archiduc LÉOPOLD et PICCOLOMINI.
17 janvier 1642.......	KEMPEN (Bataille de).....	GUÉBRIANT contre LAMBOI et MERCY, qui sont faits prisonniers.
9 septembre 1642....	PERPIGNAN (Prise de).....	LOUIS XIII sur OLIVAREZ.
7 octobre 1642	LERIDA (Bataille de)......	MARÉCHAL DE LA MOTTE contre les ESPAGNOLS.
19 mai 1643..........	ROCROI (Bataille de)......	DUC D'ENGHIEN contre DE MELLO.
3, 5 et 9 août 1644....	FRIBOURG (Bataille de)....	DUC D'ENGHIEN contre MERCY.

23 juin 1645..........	LLORENZ (Bataille de).....	HARCOURT contre CANTELMO.
3 août 1645.........	NORDLINGEN (Bataille de)...	DUC D'ENGHIEN et TURENNE contre MERCY, *qui est tué.*
10 août 1646........	LANDSBERG (Combat de)...	TURENNE contre l'archiduc LÉOPOLD.
3 octobre 1647......	LENS (Prise de)..........	GASSION, *qui est mortellement blessé,* sur les ESPAGNOLS.
17 mai 1648.........	SUMMERSHAUSEN (Bataille de)	TURENNE contre MELANDER, *qui est tué.*
30 mai 1648.........	CRÉMONE (Bataille de).....	MARÉCHAL DU PLESSIS-PRASLIN contre le marquis DE CARACENA.
20 août 1648........	LENS (Bataille de)........	CONDÉ contre l'archiduc LÉOPOLD.
15 décembre 1650.....	RETHEL (Bataille de)......	MARÉCHAL DU PLESSIS-PRASLIN contre les ESPAGNOLS.
14 juin 1658........	LES DUNES (Bataille de)...	TURENNE contre DON JUAN D'AUTRICHE.
1er avril 1664.......	SAINT-GOTHARD (Bataille de).	MONTECUCULLI et COLIGNY, *qui décide la victoire,* contre les TURCS.
27 août 1667........	LILLE (Prise de)..........	LOUIS XIV et TURENNE sur le marquis DE CASTEL-RODRIGO.
31 août 1667........	BRUGES (Combat près de)..	CRÉQUI et BELLEFONDS contre MARSIN.
4-19 février 1668....	CONQUÊTE DE LA FRANCHE-COMTÉ.	LOUIS XIV, CONDÉ et LUXEMBOURG sur les ESPAGNOLS.
12 juin 1672........	PASSAGE DU RHIN, à TOLHUYS.	LOUIS XIV et CONDÉ contre les HOLLANDAIS.

12 octobre 1672......	VOERDEN (Combat de).....	LUXEMBOURG contre le prince D'O-RANGE.
29 juin 1673.........	MAËSTRICHT (Prise de vive force de).	LOUIS XIV et VAUBAN sur les HOLLANDAIS.
16 juin 1674.........	SINZHEIM (Bataille de).....	TURENNE contre le duc DE LORRAINE et CAPRARA.
11 août 1674	SENEF (Bataille de).......	CONDÉ contre le prince D'ORANGE.
4 octobre 1674	ENSHEIM (Bataille d')......	TURENNE contre le duc DE BOURNONVILLE.
29 décembre 1674.....	MULHOUSE (Combat de)....	TURENNE contre la CAVALERIE IMPÉRIALE.
5 janvier 1675.......	TURCKHEIM (Combat de)...	TURENNE contre l'ÉLECTEUR DE BRANDEBOURG.
1er août 1675.........	ALTENHEIM (Combat d')....	COMTE DE LORGE contre MONTECUCULLI.
27 août 1676	MAËSTRICHT (Levée du siège de).	SCHOMBERG contre le prince D'ORANGE.
11 avril 1677	CASSEL (Bataille de)......	Duc D'ORLÉANS contre le prince D'ORANGE.
4 juillet 1677	ESPOUILLES ou du COL DE BAGNOLS (Bataille d').	NAVAILLES contre le comte DE MONTEREY.
7 octobre 1677	KOCHERSBERG (Combat de cavalerie de).	CRÉQUI contre le duc DE LORRAINE.
6 juillet 1678	RHEINFELD (Combat de) ...	CRÉQUI contre le comte DE STAHRENBERG.
25 juillet 1678	FORT DE KEHL (Prise d'assaut du).	CRÉQUI sur les IMPÉRIAUX.

14 août 1678........	SAINT-DENIS (Bataille de)..	LUXEMBOURG contre le prince D'O-RANGE.
4 juin 1684.........	LUXEMBOURG (Prise de)....	CRÉQUI et VAUBAN sur le prince DE CHIMAI.
1ᵉʳ juillet 1690.......	FLEURUS (Bataille de).....	LUXEMBOURG contre le prince DE WALDECK.
18 août 1690........	STAFFARDE (Bataille de)...	CATINAT contre le duc DE SAVOIE.
19 septembre 1691....	LEUZE (Combat de cavalerie de). [28 escadrons contre 75.]	LUXEMBOURG contre le prince DE WALDECK.
3 août 1692.........	STEINKERQUE (Bataille de).	LUXEMBOURG contre le prince D'O-RANGE.
17 septembre 1692....	PFORZHEIM (Combat de)...	MARÉCHAL DE LORGE contre le prince CHARLES DE WURTEMBERG, *qui est fait prisonnier.*
9 juin 1693.........	ROSES (Prise de).........	NOAILLES sur les ESPAGNOLS.
29 juillet 1693.......	NEERWINDE (Bataille de)...	LUXEMBOURG contre le prince D'O-RANGE.
4 octobre 1693......	LA MARSAILLE (Bataille de).	CATINAT contre le duc DE SAVOIE.
27 mai 1694.........	LE TER (Bataille de)......	NOAILLES contre les ESPAGNOLS.
10 juin 1702........	NIMÈGUE (Combat de cavalerie de).	DUC DE BOURGOGNE contre les ANGLO-HOLLANDAIS.
26 juillet 1702.......	SANTA-VITTORIA (Combat de).	VENDÔME contre VISCONTI.
15 août 1702........	LUZZARA (Bataille de).....	VENDÔME contre le prince EUGÈNE.

14 octobre 1702......	FRIEDLINGEN (Bataille de)..	VILLARS contre le prince DE BADE.
30 juin 1703.........	ECKEREN (Bataille d').....	MARÉCHAL DE BOUFFLERS contre le baron D'OBDAM et les Anglo-Hollandais.
30 juillet 1703.......	MUNDERKINGEN (Bataille de).	BARON LEGALL contre le prince Louis DE BADE.
20 septembre 1703....	HOCHSTETT (Bataille d')....	VILLARS contre le comte DE STYRUM.
26 octobre 1703......	SAN-SEBASTIANO (Bataille de).	VENDÔME contre VISCONTI.
15 novembre 1703....	SPIRE (Bataille de).......	TALLART contre le prince DE HESSE.
16 août 1705	CASSANO (Bataille de).....	VENDÔME contre le prince EUGÈNE.
19 avril 1706........	CALCINATO (Bataille de)....	VENDÔME contre le prince EUGÈNE.
9 septembre 1706....	CASTIGLIONE (Bataille de)..	COMTE DE MÉDAVY contre le prince DE HESSE.
25 avril 1707........	ALMANZA (Bataille d').....	BERWICK contre lord GALLOWAY.
22 mai 1707.........	STOLHOFEN (Combat de)...	VILLARS contre les IMPÉRIAUX.
26 août 1709	RUMERSHEIM (Combat de)..	COMTE DU BOURG contre MERCY.
10 décembre 1710.....	VILLAVICIOSA (Bataille de).	VENDÔME contre STAHRENBERG.
24 juillet 1712.......	DENAIN (Bataille de)......	VILLARS contre le prince EUGÈNE.

28 octobre 1733	KEHL (Prise de), et PASSAGE DU RHIN.	BERWICK contre les IMPÉRIAUX.
25 mai 1734	BITONTO (Bataille de)	DUC DE MORTEMART contre le VICE-ROI DES DEUX-SICILES.
19 juin 1734	PARME (Bataille de)	COIGNY et BROGLIE contre MERCY, *qui est tué*.
19 septembre 1734	GUASTALLA (Bataille de)	COIGNY et BROGLIE contre le prince DE WURTEMBERG.
26 novembre 1741	PRAGUE (Prise, par escalade, de).	BELLE-ISLE et CHEVERT sur les IMPÉRIAUX.
25 mai 1742	SAHAY (Combat de)	BROGLIE contre le prince DE LOBKOWITZ.
2 juillet-13 sept. 1742.	PRAGUE (Défense de)	BELLE-ISLE et CHEVERT contre le prince CHARLES.
17-26 décembre 1742	RETRAITE DE PRAGUE SUR ÉGRA.	BELLE-ISLE devant les IMPÉRIAUX.
30 septembre 1744	CONI (Bataille de)	PRINCE DE CONTI contre le ROI DE SARDAIGNE.
11 mai 1745	FONTENOY (Bataille de)	MAURICE DE SAXE contre le duc DE CUMBERLAND.
27 septembre 1745	BASSIGNANO (Bataille de)	MARÉCHAL DE MAILLEBOIS contre LOBKOWITZ.
20 février 1746	BRUXELLES (Prise de)	MAURICE DE SAXE sur les HOLLANDAIS.
11 octobre 1746	RAUCOUX (Bataille de)	MAURICE DE SAXE contre le prince CHARLES.
5 juin 1747	REPRISE DU COMTÉ DE NICE.	BELLE-ISLE sur les AUSTRO-PIÉMONTAIS.

2 juillet 1747........	LAUFELD (Bataille de).....	MAURICE DE SAXE contre le duc DE CUMBERLAND.
16 septembre 1747....	BERG-OP-ZOOM (Prise d'assaut de).	LÖWENDAL sur les HOLLANDAIS.
7 mai 1748.........	MAËSTRICHT (Prise de)....	MAURICE DE SAXE sur les HOLLANDAIS.
15 octobre 1748......	PONDICHÉRY (Levée du siège de).	DUPLEIX sur BOSCAWEN et les Anglais.
3 août 1749.........	AMBOUR (Bataille d')......	DUPLEIX contre ANAVERDI-KHAN.
1ᵉʳ septembre 1750....	TIRAVADI (Bataille de).....	COMTE D'AUTEUIL contre MEHEMET-ALI.
11 septembre 1750....	GINGI (Prise de vive force de).	MARQUIS DE BUSSY sur MEHEMET-ALI.
15 décembre 1750.....	GINGI (Bataille de)........	LA TOUCHE, avec 560 Français et 2,000 cipayes, contre NASER-SINGUE et 100,000 Indiens.
9 décembre 1751.....	AHMED NAGGAR (Bataille près d').	MARQUIS DE BUSSY contre BALADJI RAO et les Mahrattes.
28 juin 1756........	FORT-SAINT-PHILIPPE, à MAHON (Prise d'assaut du).	RICHELIEU sur les ANGLAIS.
14 août 1756........	FORTS D'OSWEGO (Combat et prise des).	MONTCALM sur les ANGLAIS.
26 juillet 1757........	HASTENBECK (Bataille de)..	ESTRÉES et CHEVERT contre le duc DE CUMBERLAND.
8 septembre 1757....	CAPITULATION DE CLOSTER-ZEVEN.	RICHELIEU, des HANOVRIENS.
1ᵉʳ juin 1758.........	SAINT-DAVID (Prise de)....	LALLY sur les ANGLO-INDIENS.

8 juillet 1758	TICONDEROGA ou de CARILLON (Bataille de).	MONTCALM contre les ANGLAIS.
23 juillet 1758	SUNDERSHAUSEN (Bataille de)	BROGLIE contre le prince D'ISEMBOURG.
11 septembre 1758	SAINT-CAST (Combat de)	DUC D'AIGUILLON contre les ANGLAIS.
10 octobre 1758	LUTZELBERG (Bataille de)	SOUBISE et CHEVERT contre le général OBERG.
13 avril 1759	BERGEN (Bataille de)	BROGLIE contre le duc Ferdinand DE BRUNSWICK.
28 avril 1760	QUÉBEC (Bataille de)	CHEVALIER DE LEVIS contre le général MURRAY.
10 juillet 1760	CORBACH (Bataille de)	BROGLIE contre BRUNSWICK.
16 octobre 1760	CLOSTERCAMP ou de RHEINBERG (Combat de). [*Dévouement du chevalier d'Assas.*]	MARQUIS DE CASTRIES contre BRUNSWICK.
21 mars 1761	GRÜNBERG (Combat de)	BROGLIE contre BRUNSWICK.
30 août 1762	JOHANNISBERG (Bataille de)	PRINCE DE CONDÉ, ESTRÉES et SOUBISE contre le duc FERDINAND.
7 septembre 1778	LA DOMINIQUE (Prise de)	BOUILLÉ sur les ANGLAIS.
30 janvier-6 mars 1779	CONQUÊTE DU SÉNÉGAL	DUC DE LAUZUN sur les ANGLAIS.
2 juin 1781	TABAGO (Prise de)	DILLON sur les ANGLAIS.
21 août 1781	MAHON et du FORT SAINT-PHILIPPE (Prise de).	MARQUIS DE CRILLON sur les ANGLAIS.

19 octobre 1781......	YORK-TOWN (Prise de)....	ROCHAMBEAU et WASHINGTON sur lord CORNWALLIS.
26 novembre 1781....	SAINT-EUSTACHE (Prise de).	BOUILLÉ sur lord COOKBURN.
13 février 1782.......	SAINT-CHRISTOPHE (Prise de).	BOUILLÉ sur les ANGLAIS.
13 juin 1783.........	GONDELOUR (Bataille de)...	BUSSY contre le général STUART.
19 août 1792........	FONTOY (Combat de)......	LUCKNER contre les AUTRICHIENS.
20 septembre 1792....	VALMY (Bataille de).......	KELLERMANN contre BRUNSWICK.
23 sept.-8 octobre 1792.	LILLE (Défense de).......	DUHOUX contre le duc DE SAXE-TESCHEN.
28-29 septembre 1792..	CONQUÊTE DU COMTÉ DE NICE.	ANSELME sur les PIÉMONTAIS.
6 novembre 1792....	JEMMAPES (Bataille de)....	DUMOURIEZ contre COBOURG.
13 novembre 1792.....	ANDERLECHT (Combat d')..	DUMOURIEZ contre le prince DE WURTEMBERG.
15 décembre 1792.....	WAVREN et de HAMM (Combat de).	BEURNONVILLE contre les AUTRICHIENS.
30 mars 1793.........	OBERFLERSHEIM (Combat d').	CUSTINE contre le prince Louis DE PRUSSE.
9 juin 1793..........	ARLON (Combat d').......	HOUCHARD contre le général SCHREDER.
17 juillet 1793	MAS DE SERRE (Combat de).	DE FLERS contre les ESPAGNOLS.
8 septembre 1793....	HONDSCHOOTE (Bataille d').	HOUCHARD contre le duc D'YORK.

8 septembre 1793....	SOSPELLO (Bataille de)....	Du MERBION contre le marquis DE MONTFERRAT.
17 septembre 1793....	PEYRESTORTES (Bataille de).	D'AOUST contre RICARDOS.
20 octobre 1793 ...... (11 vendémiaire an II).	SAINT-MAURICE (Combat de).	KELLERMANN contre les PIÉMONTAIS.
16 et 17 octobre 1793.. (25 et 26 vendémiaire an II).	WATTIGNIES (Bataille de)..	JOURDAN contre COBOURG.
19 octobre 1793...... (28 vendémiaire an II).	GILLETTE (Bataille de)....	DUGOMMIER contre les PIÉMONTAIS.
16 décembre 1793..... (26 frimaire an II).	TOULON (Prise de)........	DUGOMMIER sur les ANGLAIS.
22 décembre 1793..... (2 nivôse an II).	WOERTH (Combat de).....	HOCHE contre BRUNSWICK.
26 décembre 1793 .... (6 nivôse an II).	LE GEISBERG (Bataille de), et REPRISE DES LIGNES DE WISSEMBOURG.	HOCHE contre les AUTRICHIENS.
27 octobre-27 déc. 1793. (6 brumaire-7 nivôse an II).	LANDAU (Défense de).....	LAUBADÈRE contre les AUSTRO-PRUSSIENS.
10 avril 1794........ (21 germinal an II).	MONTEILLA (Bataille de)...	DAGOBERT contre les ESPAGNOLS.
18 avril 1794........ (29 germinal an II).	ARLON (Bataille d').......	JOURDAN contre BEAULIEU.
23 avril 1794........ (3 floréal an II).	AUSSOY (Combat d')......	CHARBONNIER contre les AUTRICHIENS.
26 avril 1794........ (7 floréal an II).	BOSSU (Combat de).......	CHARBONNIER contre les AUTRICHIENS.
29 avril 1794........ (10 floréal an II).	MONT-CASTEL (Bataille de).	SOUHAM contre les AUTRICHIENS.

29 avril 1794 (10 floréal an II).	SAORGIO (Combat de)	MASSENA contre les PIÉMONTAIS.
1ᵉʳ mai 1794 (12 floréal an II).	CAMP DU BOULOU (Prise du).	DUGOMMIER sur LA UNION.
11 mai 1794 (22 floréal an II).	COURTRAI (Combat de)	PICHEGRU contre CLERFAYT.
18 mai 1794 (29 floréal an II).	TOURCOING (Bataille de)	SOUHAM et MOREAU contre YORK.
23 mai 1794 (4 prairial an II).	SCHIFFERSTADT (Bataille de).	MICHAUD contre les COALISÉS.
17 juin 1794 (29 prairial an II).	YPRES (Prise d')	MOREAU sur les AUTRICHIENS.
26 juin 1794 (8 messidor an II).	FLEURUS (Bataille de)	JOURDAN contre BEAULIEU.
1ᵉʳ juillet 1794 (13 messidor an II).	GEMBLOUX (Combat de)	MARCEAU contre BEAULIEU.
6 juillet 1794 (18 messidor an II).	WATERLOO (Combat de)	LEFEBVRE contre les AUTRICHIENS.
7 juillet 1794 (19 messidor an II).	SOMBREF (Bataille de)	HATRY contre BEAULIEU.
13 juillet 1794 (25 messidor an II).	EDENKOBEN (Bataille d')	MICHAUD contre MOLLENDORF.
16 juillet 1794 (28 messidor an II).	BASTAN (Combat et prise de).	MULLER contre les ESPAGNOLS.
1ᵉʳ août 1794 (14 thermidor an II).	FONTARABIE (Bataille de)	FRÉGEVILLE contre les ESPAGNOLS.
13 août 1794 (26 thermidor an II).	SAINT-LAURENT DE LA MOUGA (Bataille de).	AUGEREAU contre LA UNION.

14 septembre 1794.... (28 *fructidor an* II).	BOXTEL (Combat de)......	PICHEGRU contre YORK.
18 septembre 1794.... (2ᵉ *jour complémentaire an* II).	SPRIMONT (Combat de)....	SCHERER contre CLERFAYT.
21 septembre 1794.... (5ᵉ *jour complémentaire an* II).	LE CAIRO (Bataille de).....	DU MERBION contre les AUSTRO-PIÉ-MONTAIS.
2 octobre 1794...... (11 *vendémiaire an* III).	ALDENHOVEN (Bataille d')..	JOURDAN contre CLERFAYT.
17 octobre 1794...... (26 *vendémiaire an* III).	RONCEVAUX (Bataille de)...	MONCEY contre les ESPAGNOLS.
19 octobre 1794....... (28 *vendémiaire an* III).	OUDE-WATERING (Combat d')	PICHEGRU contre HAMMERSTEIN et FOX.
4 novembre 1794..... (14 *brumaire an* III).	MAËSTRICHT (Prise de)....	KLEBER sur les AUTRICHIENS.
17 novembre 1794..... (27 *brumaire an* III).	LA MONTAGNE NOIRE (Bataille de).	DUGOMMIER et PÉRIGNON contre LA UNION; *Dugommier est tué.*
20 novembre 1794..... (30 *brumaire an* III).	FIGUIÈRES (Bataille de)....	PÉRIGNON contre LA UNION, *qui est tué.*
28 novembre 1794.... (8 *frimaire an* III).	BEGARA (Bataille de)......	FRÉGEVILLE contre les ESPAGNOLS.
21 janvier 1795....... (2 *pluviôse an* III).	AMSTERDAM (Prise d').....	PICHEGRU sur les HOLLANDAIS.
3 février 1795....... (15 *pluviôse an* III).	ROSES (Prise de).........	PÉRIGNON sur YSQUIERDO.
12 juin 1795......... (24 *prairial an* III).	LUXEMBOURG (Prise de)....	HATRY sur le feld-maréchal BENDER.
14 juin 1795......... (26 *prairial an* III).	LA FLUVIA (Bataille de)....	SCHERER contre les ESPAGNOLS.

17 juillet 1795...... (29 *messidor an III*).	BILBAO (Combat et prise de).	MONCEY contre les ESPAGNOLS.
26 juillet 1795...... (8 *thermidor an III*).	BORGHETTO (Bataille de)...	KELLERMANN contre les AUTRICHIENS.
6 septembre 1795.... (20 *fructidor an III*).	PASSAGE DU RHIN, à DUSSELDORF.	JOURDAN contre les AUTRICHIENS.
19 septembre 1795.... (3ᵉ *jour complémentaire an III*).	BORGHETTO (Combat de)...	MASSENA contre les PIÉMONTAIS.
11 novembre 1795..... (20 *brumaire an IV*).	CREUTZNACH (Combat de)..	MARCEAU contre les AUTRICHIENS.
23 novembre 1795..... (2 *frimaire an IV*).	LOANO (Bataille de)......	SCHERER contre COLLI et DEWINS.
11 avril 1796........ (22 *germinal an IV*).	MONTENOTTE (Bataille de)..	BONAPARTE contre BEAULIEU.
14 avril 1796........ (25 *germinal an IV*).	MILLESIMO (Bataille de)....	BONAPARTE contre BEAULIEU.
15 avril 1796........ (26 *germinal an IV*).	DEGO (Combat de)........	BONAPARTE contre BEAULIEU.
18 avril 1796........ (29 *germinal an IV*).	SAINT-MICHEL (Combat de).	BONAPARTE contre COLLI.
22 avril 1796........ (3 *floréal an IV*).	MONDOVI (Bataille de).....	BONAPARTE contre COLLI.
7 mai 1796......... (18 *floréal an IV*).	PASSAGE DU PÒ, à PLAISANCE.	BONAPARTE contre BEAULIEU.
10 mai 1796......... (21 *floréal an IV*).	LODI (Bataille de)........	BONAPARTE contre BEAULIEU.
30 mai 1796......... (11 *prairial an IV*).	BORGHETTO (Combat de)...	BONAPARTE contre BEAULIEU.

1ᵉʳ juin 1796......... (*13 prairial an* IV).	LA SIEG (Combat de)......	KLEBER contre les AUTRICHIENS.
4 juin 1796......... (*16 prairial an* IV).	ALTENKIRCHEN (Bataille d').	KLEBER et LEFEBVRE contre le prince DE WURTEMBERG.
15 juin 1796.......... (*27 prairial an* IV).	WETZLAR (Combat de).....	LEFEBVRE contre la RÉSERVE AUTRICHIENNE.
24 juin 1796......... (*6 messidor an* IV).	KEHL et PASSAGE DU RHIN (Prise de).	MOREAU contre les AUTRICHIENS.
28 juin 1796......... (*10 messidor an* IV).	RENCHEN (Bataille de).....	MOREAU contre les AUTRICHIENS.
5 juillet 1796........ (*17 messidor an* IV).	RASTADT (Bataille de).....	MOREAU contre l'archiduc CHARLES.
9 juillet 1796...... (*21 messidor an* IV).	ETTLINGEN (Bataille d').....	MOREAU contre l'archiduc CHARLES.
3 août 1796......... (*16 thermidor an* IV).	LONATO (Bataille de)......	BONAPARTE contre WURMSER.
4 août 1796......... (*17 thermidor an* IV).	BAMBERG (Prise de)........	GÉNÉRAL GRENIER sur les AUTRICHIENS.
5 août 1796......... (*18 thermidor an* IV).	CASTIGLIONE (Bataille de)..	BONAPARTE et AUGEREAU contre WURMSER.
8 août 1796......... (*21 thermidor an* IV).	FORCKHEIM (Bataille de)...	KLEBER contre WARTENSLEBEN.
11 août 1796......... (*24 thermidor an* IV).	NERESHEIM (Bataille de)....	MOREAU contre l'archiduc CHARLES.
17 août 1796......... (*30 thermidor an* IV).	SULTZBACH (Combat de)...	JOURDAN contre WARTENSLEBEN.
24 août 1796......... (*7 fructidor an* IV).	AMBERG (Combat d')......	JOURDAN contre les AUTRICHIENS.

VICTOIRES DE L'ARMÉE FRANÇAISE.

24 août 1796 . . . .   FRIEDBERG (Combat de) . . .   MOREAU contre l'archiduc CHARLES.
(*7 fructidor an IV*).

4 septembre 1796 . . . .   ROVEREDO (Bataille de). . . .   BONAPARTE contre WURMSER.
(*18 fructidor an IV*).

8 septembre 1796 . . . .   BASSANO (Bataille de) . . . . .   BONAPARTE contre WURMSER.
(*22 fructidor an IV*).

15 septembre 1796 . . . .   SAINT-GEORGES (Bataille de).   BONAPARTE contre WURMSER.
(*29 fructidor an IV*).

16 septembre 1796 . . . .   LIMBOURG (Combat de). . . .   MARCEAU contre l'archiduc CHARLES.
(*30 fructidor an IV*).

2 octobre 1796 . . . . . .   BIBERACH (Bataille de). . . .   MOREAU contre le général LATOUR.
(*11 vendémiaire an V*).

24 octobre 1796 . . . . . .   SCHLIENGEN (Combat de). .   MOREAU contre les AUTRICHIENS.
(*3 brumaire an V*).

17 novembre 1796 . . . .   ARCOLE (Bataille d') . . . .   BONAPARTE contre ALVINZI.
(*27 brumaire an V*).

12 janvier 1797 . . . . . .   SAINT-MICHEL (Combat de).   MASSENA contre ALVINZI.
(*23 nivôse an V*).

14 janvier 1797 . . . . . .   RIVOLI (Bataille de) . . . .   BONAPARTE et JOUBERT contre ALVINZI.
(*25 nivôse an V*).

16 janvier 1797 . . . . . .   LA FAVORITE (Bataille de). .   BONAPARTE contre ALVINZI et PROVERA.
(*27 nivôse an V*).

2 février 1797 . . . .   MANTOUE (Capitulation de).   BONAPARTE, de WURMSER.
(*14 pluviôse an V*).

2 février 1797 . . . .   LE LAVIS (Combat de). . . . .   JOUBERT contre les AUTRICHIENS.
(*14 pluviôse an V*).

16 mars 1797 . . . .   PASSAGE DU TAGLIAMENTO.   BONAPARTE contre l'archiduc CHARLES.
(*26 ventôse an V*).

23 mars 1797 *(3 germinal an v).*	TARVIS (Combat de)	MASSENA contre l'archiduc CHARLES.
23 mars 1797 *(3 germinal an v).*	CLAUSEN (Combat de)	JOUBERT contre LAUDON.
12 avril 1797 *(23 germinal an v).*	NEUMARCK (Bataille de)	BONAPARTE et MASSENA contre l'archiduc CHARLES.
18 avril 1797 *(29 germinal an v).*	NEUWIED (Bataille de)	HOCHE contre KRAY.
20 avril 1797 *(1er floréal an v).*	PASSAGE DU RHIN, à DIERSHEIM.	MOREAU et DESAIX contre le général STARRAY.
5 mars 1798 *(15 ventôse an VI).*	NEUENEK (Combat de)	BRUNE contre les BERNOIS.
13 juillet 1798 *(25 messidor an VI).*	CHEBREISSE (Bataille de)	BONAPARTE contre MOURAD-BEY.
21 juillet 1798 *(3 thermidor an VI).*	LES PYRAMIDES (Bataille de).	BONAPARTE contre MOURAD-BEY.
11 août 1798 *(24 thermidor an VI).*	SALAHIEH (Bataille de)	BONAPARTE contre IBRAHIM-BEY.
7 octobre 1798 *(16 vendémiaire an VII).*	SÉDIMAN (Bataille de)	DESAIX contre MOURAD-BEY.
3 décembre 1798 *(13 frimaire an VII).*	CIVITA CASTELLANA (Bataille de).	MACDONALD contre MACK.
3 janvier 1799 *(14 nivôse an VII).*	SOUÂQUI (Combat de)	DAVOUT contre les ARABES.
21 janvier 1799 *(2 pluviôse an VII).*	NAPLES (Combat et prise de).	CHAMPIONNET sur les NAPOLITAINS.
22 janvier 1799 *(3 pluviôse an VII).*	SAMANHOUT (Bataille de)	DESAIX contre MOURAD-BEY.

12 février 1799 (24 pluviôse an VII).	LE NIL (Combat de cavalerie sur).	DAVOUT contre OSMAN-BEY HASSAN, qui est blessé.
15 février 1799 (27 pluviôse an VII).	EL ARISH (Combat d').	KLEBER contre IBRAHIM-BEY.
7 mars 1799 (17 ventôse an VII).	JAFFA (Prise de).	BONAPARTE sur les TURCS.
7 mars 1799 (17 ventôse an VII).	FELDKIRCH (Combat de).	MASSENA et OUDINOT contre les généraux HOTZE et AUFFENBERG; celui-ci est fait prisonnier.
15 mars 1799 (25 ventôse an VII).	QÂQUOUM (Combat de).	BONAPARTE contre ABDALLAH-PACHA.
26 mars 1799 (6 germinal an VII).	PASTRENGO (Bataille de).	SCHERER contre KRAY.
8 avril 1799 (19 germinal an VII).	NAZARETH (Combat de).	JUNOT contre les TURCS.
16 avril 1799 (27 germinal an VII).	LE MONT-THABOR (Bataille de).	BONAPARTE et KLEBER contre IBRAHIM-BEY.
12 mai 1799 (23 floréal an VII).	BASSIGNANO (Combat de).	MOREAU contre les RUSSES.
12 juin 1799 (24 prairial an VII).	MODÈNE (Bataille de).	MACDONALD contre le prince DE HOHENZOLLERN.
18 juin 1799 30 prairial an VII).	TORTONE (Combat de).	MOREAU contre BELLEGARDE.
18 et 19 juin 1799 (30 prairial-1er messidor an VII).	LA TREBBIA (Bataille de).	MACDONALD contre SOUVAROW.
20 juin 1799 (2 messidor an VII).	SAN-GIULIANO (Combat de).	MOREAU contre BELLEGARDE.
25 juillet 1799 (7 thermidor an VII).	ABOUKIR (Bataille d').	BONAPARTE contre IBRAHIM-BEY.

16 août 1799 (29 thermidor an VII).	LE CRISPALT (Combat de)..	LECOURBE contre les RUSSES.
19 septembre 1799 (3ᵉ jour complémentaire an VII).	BERGEN (Bataille de)......	BRUNE contre YORK et ABERCROMBY.
24 septembre 1799 (2 vendémiaire an VIII).	PASSAGE DE LA LIMMAT, à DIÉTIKON.	MASSENA contre SOUVAROW.
25 septembre 1799 (3 vendémiaire an VIII).	ZURICH (Bataille de)......	MASSENA contre SOUVAROW.
1ᵉʳ octobre 1799 (9 vendémiaire an VIII).	MUTTA-THAL (Bataille de)..	MASSENA et MORTIER contre ROSEMBERG.
2 octobre 1799 (10 vendémiaire an VIII).	ALKMAER (Bataille d').....	BRUNE contre YORK.
6 octobre 1799 (14 vendémiaire an VIII).	CASTRICUM (Bataille de)...	BRUNE contre YORK.
15 octobre 1799 (23 vendémiaire an VIII).	BOSCO (Combat de).......	GOUVION-SAINT-CYR contre KARACKSAY.
18 octobre 1799 (26 vendémiaire an VIII).	CAPITULATION DE L'ARMÉE ANGLO-RUSSE, à ALKMAER.	BRUNE, du duc d'YORK.
5 novembre 1799.... (14 brumaire an VIII).	NOVI (Bataille de)........	GOUVION-SAINT-CYR contre KRAY.
20 mars 1800 (29 ventôse an VIII).	HÉLIOPOLIS (Bataille d')...	KLEBER contre l'ARMÉE DU GRAND-VIZIR.
20 avril 1800 (30 germinal an VIII).	LE CAIRE (Prise de).......	KLEBER sur les ÉGYPTIENS.
3 mai 1800 (13 floréal an VIII).	ENGEN ou de STOKACH (Bataille d').	MOREAU contre KRAY.
5 mai 1800 (15 floréal an VIII).	MOESKIRCH (Bataille de)...	MOREAU contre KRAY.

9 mai 1800......... (*19 floréal an* VIII).	BIBERACH (Bataille de)....	MOREAU contre KRAY.
19 mai 1800.......... (*20 floréal an* VIII).	MEMMINGEN (Combat de)...	LECOURBE contre KRAY.
22 mai 1800......... (*2 prairial an* VIII).	SAINT-LAURENT DU VAR (Combat de).	SUCHET contre MELAS.
21 avril-4 juin 1800... (*1ᵉʳ floréal-15 prairial an* VIII).	GÊNES (Défense de).......	MASSENA et SOULT contre le général OTT et l'amiral KEITH.
5 juin 1800.......... (*16 prairial an* VIII).	KIRCHBERG (Combat de)...	MOREAU contre l'archiduc FERDINAND.
9 juin 1800.......... (*20 prairial an* VIII).	MONTEBELLO (Bataille de)..	LANNES contre le général OTT.
14 juin 1800.......... (*25 prairial an* VIII).	MARENGO (Bataille de).....	LE PREMIER CONSUL contre MELAS.
19 juin 1800.......... (*30 prairial an* VIII).	HOCHSTETT (Bataille d')...	MOREAU contre KRAY.
3 décembre 1800..... (*12 frimaire an* IX).	HOHENLINDEN (Bataille de).	MOREAU contre l'archiduc JEAN.
7, 8 et 9 décembre 1800. (*16, 17 et 18 frimaire an* IX).	PASSAGE DU SPLÜGEN.....	MACDONALD contre les AUTRICHIENS.
18 décembre 1800..... (*27 frimaire an* IX).	NUREMBERG (Bataille de)...	AUGEREAU contre KLENAU.
26 décembre 1800..... (*5 nivôse an* IX).	POZZOLO *ou de* VALEGGIO (Bataille de).	BRUNE contre BELLEGARDE.
19 janvier 1801....... (*29 nivôse an* IX).	PESCHIERA (Prise de)	CHASSELOUP-LAUBAT sur les AUTRICHIENS.
5 au 6 février 1802... (*nuit du 16 au 17 pluviôse an* X).	CAP LIMBÉ, à SAINT-DOMINGUE (Débarquement et occupation du).	GÉNÉRAL LECLERC contre CHRISTOPHE.

VICTOIRES DE L'ARMÉE FRANÇAISE.

6 février 1802 (*17 pluviôse an x*).	PORT-AU-PRINCE (Prise de vive force du).	GÉNÉRAL BOUDET sur les NOIRS RÉVOLTÉS.
17 février 1802 (*28 pluviôse an x*).	MORNE À BOISPIN et du POSTE DE MARMELADE (Prise de vive force du).	GÉNÉRAL HATRY sur les NOIRS RÉVOLTÉS.
4 juillet 1803 (*15 messidor an xi*).	CAPITULATION DE L'ARMÉE HANOVRIENNE.	MORTIER, du duc DE CAMBRIDGE.
8 octobre 1805 (*16 vendémiaire an xiv*).	WERTINGEN (Combat de)...	MURAT contre MACK.
9 octobre 1805 (*17 vendémiaire an xiv*).	GUNTZBOURG (Combat de)..	NEY contre l'archiduc FERDINAND.
11 octobre 1805 (*19 vendémiaire an xiv*).	ALBECK (Combat d')......	NEY contre l'archiduc FERDINAND.
13 octobre 1805 (*21 vendémiaire an xiv*).	MEMMINGEN (Combat de)...	SOULT contre les AUTRICHIENS.
14 octobre 1805 (*22 vendémiaire an xiv*).	ELCHINGEN (Combat d')....	NEY contre l'archiduc FERDINAND.
17 octobre 1805 (*25 vendémiaire an xiv*).	ULM (Capitulation d')......	L'EMPEREUR, de MACK.
19 octobre 1805 (*27 vendémiaire an xiv*).	NERESHEIM (Combat de)...	MURAT contre l'archiduc FERDINAND.
30 octobre 1805 (*8 brumaire an xiv*).	CALDIERO (Combat de)....	MASSENA contre l'archiduc CHARLES.
6 novembre 1805 (*15 brumaire an xiv*).	AMSTETTEN (Combat d')...	MURAT et OUDINOT contre les AUTRICHIENS.
8 novembre 1805 (*17 brumaire an xiv*).	MARIAZELL (Combat de)...	DAVOUT contre MERFELD.
11 novembre 1805 (*20 brumaire an xiv*).	DIERNSTEIN (Combat de)...	MORTIER contre KUTUSOFF.

VICTOIRES DE L'ARMÉE FRANÇAISE.

12 novembre 1805..... (21 *brumaire an XIV*).	LE TAGLIAMENTO (Combat de).	MASSENA contre l'archiduc CHARLES.
13 novembre 1805..... (22 *brumaire an XIV*).	ENTRÉE DE L'ARMÉE FRANÇAISE À VIENNE.	L'EMPEREUR.
15 novembre 1805..... (24 *brumaire an XIV*).	FELDKIRCH (Combat de)...	AUGEREAU contre JELLACHICH.
16 novembre 1805..... (25 *brumaire an XIV*).	HOLLABRÜNN (Combat d')..	MURAT, SOULT et LANNES contre KUTUSOFF.
23 novembre 1805..... (2 *frimaire an XIV*).	CASTEL-FRANCO (Combat de)	GOUVION-SAINT-CYR contre le prince DE ROHAN et les Autrichiens.
2 décembre 1805..... (11 *frimaire an XIV*).	AUSTERLITZ (Bataille d')...	L'EMPEREUR contre les EMPEREURS D'AUTRICHE ET DE RUSSIE.
6 mars 1806........	CAMPO-TENESE (Combat de).	REYNIER contre le comte Roger DE DAMAS et l'armée napolitaine.
18 juillet 1806.......	GAËTE (Prise de).........	MASSENA et le roi JOSEPH contre le prince DE HESSE.
30 septembre 1806....	CASTEL NUOVO DI SCRIVIA (Combat de).	MARMONT contre les RUSSES et les MONTÉNÉGRINS.
10 octobre 1806......	SAALFELD (Combat de)....	LANNES contre le prince Louis DE PRUSSE, *qui est tué*.
14 octobre 1806......	IÉNA (Bataille d').........	L'EMPEREUR contre le prince DE HOHENLOHE.
14 octobre 1806......	AUERSTÆDT (Bataille d')...	DAVOUT contre le ROI DE PRUSSE et BRUNSWICK; *celui-ci est tué*.
17 octobre 1806......	HALLE (Combat de)......	BERNADOTTE contre le prince DE WURTEMBERG.
25 octobre 1806......	ENTRÉE DU 3ᵉ CORPS À BERLIN.	DAVOUT.

28 octobre 1806......	PRENTZLOW (Combat et capitulation de).	MURAT et LANNES contre le prince DE HOHENLOHE.
6 novembre 1806....	SCHWARTAU (Combat de), et PRISE DE LÜBECK.	BERNADOTTE et le général DROUET sur BLÜCHER.
7 novembre 1806....	CAPITULATION DE L'ARMÉE PRUSSIENNE, à RADKOW.	MURAT, SOULT et BERNADOTTE, de BLÜCHER.
23 décembre 1806....	CZARNOWO (Combat de)...	DAVOUT contre les RUSSES.
26 décembre 1806....	PULTUSK (Combat de).....	LANNES contre BENINGSEN.
26 décembre 1806....	GOLYMIN (Combat de).....	DAVOUT et MURAT contre le prince GALITZIN.
5 janvier 1807.......	BRESLAU (Prise de).......	VANDAMME sur le général DE THILE et les Prussiens.
25 janvier 1807.......	MOHRUNGEN (Combat de)..	BERNADOTTE contre BENINGSEN.
4 février 1807.......	DEPPEN (Combat de)......	NEY et LASALLE contre les RUSSES.
6 février 1807.......	HOFF (Combat de)........	MURAT contre les RUSSES.
8 février 1807.......	EYLAU (Bataille d').......	L'EMPEREUR contre BENINGSEN.
16 février 1807.......	OSTROLENKA (Combat d')..	GÉNÉRAL SAVARY contre ESSEN.
26 février 1807.......	BRAUNSBERG (Combat de)..	GÉNÉRAL DUPONT contre les RUSSES.
15 mai 1807.........	WEICHSENMÜLDE (Combat de).	LEFEBVRE contre KALKREUTH.
20 mai 1807.........	DANTZIG (Prise de).......	LEFEBVRE sur KALKREUTH.

5 juin 1807.........	SPANDEN (Combat de).....	BERNADOTTE, *qui est blessé*, contre DIERCKE et WARNECK.
10 juin 1807.........	HEILSBERG (Bataille d')....	L'EMPEREUR contre BENINGSEN.
14 juin 1807.........	FRIEDLAND (Bataille de)...	L'EMPEREUR contre BENINGSEN.
20 août 1807..,....	STRALSUND (Prise de).....	BRUNE sur les SUÉDOIS.
30 novembre 1807....	OCCUPATION DE LISBONNE..	JUNOT.
14 juillet 1808.......	MEDINA DEL RIO SECO (Bataille de).	BESSIÈRES contre BLACKE.
30 juillet 1808.......	EVORA (Combat et prise d').	Général LOISON contre les HISPANO-PORTUGAIS.
17 août 1808.........	ROLIÇA (Combat de). [*Combat de huit heures : 1,900 hommes contre 13,500 Anglais.*]	Général DELABORDE contre WELLINGTON.
5 octobre 1808......	CAPRÉE (Prise de)........	Général LAMARQUE sur les ANGLAIS.
10 novembre 1808....	ESPINOSA (Bataille d').....	VICTOR contre BLACKE.
10 novembre 1808.....	BURGOS (Bataille et prise de).	SOULT contre BLACKE.
23 novembre 1808.....	TUDELA (Bataille de)......	LANNES et MONCEY contre CASTANOS et PALAFOX.
30 novembre 1808....	SOMMO-SIERRA (Bataille de).	L'EMPEREUR contre les CASTILLANS.

4 décembre 1808.....	MADRID (Prise de)........	L'Empereur sur le marquis de Castellar.
21 décembre 1808.....	MOLINS DEL REY (Bataille de).	Gouvion-Saint-Cyr contre le marquis de Vivès.
13 janvier 1809......	UCLEZ (Bataille d').......	Victor contre le duc de L'Infantado.
16 janvier 1809......	LA COROGNE (Combat de)..	Soult contre le général Moore, *qui est tué.*
21 février 1809.......	SARAGOSSE (Prise de).....	Lannes sur les Espagnols.
25 février 1809.......	WALLS (Combat de)......	Gouvion-Saint-Cyr contre le général Reding.
27 mars 1809........	CIUDAD-RÉAL (Combat de)..	Sebastiani contre le duc d'Urbino.
28 mars 1809........	MEDELLIN (Bataille de)....	Victor contre Cuesta.
29 mars 1809........	OPORTO (Bataille d').....	Soult contre le baron d'Eben et les Portugais.
19 avril 1809........	THANN (Combat de)......	Davout contre le général Hiller.
20 avril 1809........	ABENSBERG (Combat d')...	L'Empereur contre l'archiduc Louis.
21 avril 1809........	LANDSHUT (Bataille de)....	L'Empereur contre Hiller.
22 avril 1809........	ECKMÜHL (Bataille d').....	L'Empereur et Davout contre l'archiduc Louis.
23 avril 1809........	RATISBONNE (Combat et prise de).	L'Empereur et Lannes contre l'archiduc Louis.
3 mai 1809..........	EBERSBERG (Combat d')....	Massena contre Hiller.

8 mai 1809	LA PIAVE ou de SACILE (Bataille de).	PRINCE EUGÈNE contre l'archiduc JEAN.
11 mai 1809	WOERGL (Combat de)	LEFEBVRE contre CHASTELER.
17 mai 1809	LINTZ (Combat de)	BERNADOTTE contre COLLOWRATH.
22 mai 1809	ESSLING (Bataille d')	L'EMPEREUR et MASSENA contre l'archiduc CHARLES.
14 juin 1809	RAAB (Bataille de)	PRINCE EUGÈNE contre l'archiduc JEAN.
18 juin 1809	MARIA-BELCHITE (Combat de).	SUCHET contre BLACKE.
26 juin 1809	GRATZ (Combat de). [*1 contre 10.*]	COLONEL GAMBIN contre GIULAY.
6 juillet 1809	WAGRAM (Bataille de)	L'EMPEREUR contre l'archiduc CHARLES.
10 juillet 1809	ZNAÏM (Bataille de)	MARMONT et MASSENA contre l'archiduc CHARLES.
26 juillet 1809	TALAVEYRA DE LA REINA (Bataille de).	LE ROI JOSEPH et VICTOR contre WELLINGTON.
8 août 1809	L'ARZOBISPO (Combat de)	SOULT contre WELLINGTON.
11 août 1809	ALMONACID (Bataille d')	SEBASTIANI contre le duc D'EL PARQUE.
19 novembre 1809	OCAÑA (Bataille d')	SOULT et MORTIER contre AREZAGA.
21 novembre 1809	ALBA DE TORMÈS (Combat d').	KELLERMANN fils contre le duc D'EL PARQUE.
10 décembre 1809	GIRONE (Prise de)	AUGEREAU sur ALVAREZ.

VICTOIRES DE L'ARMÉE FRANÇAISE.

20 février 1810.......	VICH (Combat de)........	SOUHAM contre O'DONNEL.
23 avril 1810........	LERIDA (Combat sous).....	GÉNÉRAL BOUSSARD contre O'DONNEL.
6 mai 1810.........	ASTORGA (Prise d')......	JUNOT sur SANTOCILDÈS.
14 mai 1810........	LERIDA (Prise de).......	SUCHET sur GONZALÈS.
8 juin 1810........	MEQUINENZA (Prise de)...	SUCHET sur les ESPAGNOLS.
10 juillet 1810........	CIUDAD-RODRIGO (Prise de).	NEY sur DON HÉRASTI.
27 août 1810.......	ALMEÏDA (Prise d')......	MASSENA sur W^m FOX.
27 septembre 1810....	BUSACO (Bataille de).....	MASSENA contre WELLINGTON.
2 janvier 1811......	TORTOSE (Prise de)......	SUCHET sur les ESPAGNOLS.
22 janvier 1811......	OLIVENZA (Prise d').....	GÉNÉRAL GIRARD sur les ESPAGNOLS.
19 février 1811......	LA GEBORA (Bataille de)...	SOULT et MORTIER contre LA CARRERA et MENDIZABAL.
5 mars 1811........	CHICLANA (Bataille de)....	VICTOR contre GRAHAM et LA PENA.
10 mars 1811.......	BADAJOZ (Prise de)......	MORTIER sur le général YMAS.
5 mai 1811.........	FUENTÈS DE OÑORO (Bataille de).	MASSENA contre WELLINGTON.

10 mai 1811	ALMEÏDA (Évacuation d')...	GÉNÉRAL BRENIER devant les ANGLO-PORTUGAIS.
16 mai 1811	LA ALBUHERA (Bataille de).	SOULT contre lord BERESFORD.
28 juin 1811	TARRAGONE (Prise de)....	SUCHET sur CONTRERAS.
9 août 1811	LORCA (Bataille de).....	SOULT contre BLACKE.
25 octobre 1811	SAGONTE (Bataille de).....	SUCHET contre BLACKE.
9 janvier 1812	VALENCE (Prise de)......	SUCHET sur BLACKE.
23 janvier 1812	ALTAFULLA (Combat d')...	GÉNÉRAUX MAURICE MATHIEU et LAMARQUE contre LASCY.
16 mars-6 avril 1812	BADAJOZ (Défense de).....	GÉNÉRAL PHILIPPON contre WELLINGTON.
11 avril 1812	LLERENA (Combat de).....	CAVALERIE DE SOULT contre sir STAPLETON COTTON.
21 juillet 1812	CASALTA (Combat de)....	GÉNÉRAL DELORT contre O'DONNEL.
22 juillet 1812	LES ARAPILES (Bataille de).	MARMONT et CLAUZEL contre WELLINGTON.
23 juillet 1812	MOHILOW (Bataille de)....	DAVOUT contre BAGRATION.
26 juillet 1812	OSTROWNO (Combat d')....	MURAT contre OSTERMANN.
1ᵉʳ août 1812	OBOÏARDSZINA (Combat d').	OUDINOT contre KOULNIEW, *qui est tué.*
14 août 1812	KRASNOË (Combat de).....	NEY contre NEWEROWSKI.

VICTOIRES DE L'ARMÉE FRANÇAISE.

17 août 1812	SMOLENSK (Bataille de)	L'EMPEREUR contre BARCLAY DE TOLLY.
18 août 1812	POLOTSK (Bataille de)	GOUVION-SAINT-CYR contre WITTGENSTEIN.
19 août 1812	VALOUTINA (Bataille de)	NEY contre KORFF.
7 septembre 1812	LA MOSKOWA (Bataille de)	L'EMPEREUR contre KUTUSOFF.
19 sept.-23 octobre 1812	BURGOS (Défense de)	GÉNÉRAL DUBRETON contre WELLINGTON.
24 octobre 1812	MALO-JAROSLAWETZ (Bataille de)	PRINCE EUGÈNE contre KUTUSOFF.
3 novembre 1812	WIAZMA (Bataille de)	PRINCE EUGÈNE contre MILORADOWITCH.
16-19 novembre 1812	KRASNOË (Batailles de)	PRINCE EUGÈNE, NEY et DAVOUT contre KUTUSOFF.
28 novembre 1812	LA BÉRÉZINA (Bataille de)	L'EMPEREUR ET VICTOR contre TCHITCHAGOFF et WITTGENSTEIN.
29 avril 1813	WEISSENFELS (Combat de)	SOUHAM contre LANDSKOÏ.
1ᵉʳ mai 1813	POSERNA (Combat de)	NEY contre WINTZINGERODE.
2 mai 1813	LUTZEN (Bataille de)	L'EMPEREUR contre WITTGENSTEIN.
12 mai 1813	BICHOFFSWERDA (Combat de)	MACDONALD contre MILORADOWITCH.
19 mai 1813	KŒNIGSWARTHA (Combat de)	LAURISTON contre YORK.

VICTOIRES DE L'ARMÉE FRANÇAISE.

20 mai 1813.........	BAUTZEN (Bataille de).....	L'EMPEREUR contre l'empereur ALEXANDRE.
21 mai 1813.........	WÜRSCHEN (Bataille de) ...	L'EMPEREUR contre l'empereur ALEXANDRE et BLÜCHER.
22 mai 1813.........	REICHENBACH (Combat de) .	REYNIER contre MILORADOWITCH.
30 mai 1813.........	HAMBOURG (Prise de).....	DAVOUT et VANDAMME sur THIELMANN.
12 juin 1813.........	TARRAGONE (Levée du siège de).	SUCHET contre lord MURRAY.
3 août 1813.........	GOLDBERG (Combat de)....	LAURISTON contre le prince DE MECKLEMBOURG.
27 août 1813........	DRESDE (Bataille de)......	L'EMPEREUR contre SCHWARTZENBERG.
12 septembre 1813....	VILLAFRANCA DE PANADER (Bataille de).	SUCHET contre lord BENTINCK.
12 octobre 1813......	DESSAU (Combat de)......	DELMAS contre TAUENZIEN.
30 octobre 1813......	HANAU (Bataille de).......	L'EMPEREUR contre DE WRÈDE.
31 octobre 1813......	BASSANO (Combat de).....	GÉNÉRAL GRENIER contre le général ECKARD.
19 novembre 1813	SAN-MICHELE (Combat de)..	GÉNÉRAL JEANIN contre HILLER.
24 janvier 1814.......	BAR-SUR-AUBE (Combat de).	MORTIER contre SCHWARTZENBERG.
27 janvier 1814.......	SAINT-DIZIER (Combat de)..	GÉNÉRAUX MILHAUD et DUHESME contre LANDSKOÏ.

VICTOIRES DE L'ARMÉE FRANÇAISE.

29 janvier 1814......	BRIENNE (Combat de).....	L'EMPEREUR contre BLÜCHER.
2 février 1814.......	ROSNAY (Combat de). [*1 contre 8.*]	MARMONT contre DE WRÈDE.
8 février 1814.......	LE MINCIO (Bataille de)....	PRINCE EUGÈNE contre BELLEGARDE.
10 février 1814.......	CHAMPAUBERT (Combat de).	L'EMPEREUR contre ALSUSIEW, *qui est fait prisonnier.*
11 février 1814.......	MONTMIRAIL (Bataille de)...	L'EMPEREUR contre SACKEN.
12 février 1814.......	CHÂTEAU-THIERRY (Combat de).	L'EMPEREUR contre YORK.
14 février 1814.......	VAUCHAMPS (Bataille de)...	L'EMPEREUR contre BLÜCHER.
17 février 1814.......	MORMANT (Combat de)....	VICTOR contre PAHLEN.
17 février 1814.......	VALJOUAN (Combat de)....	COMTE GÉRARD contre le général bavarois LA MOTTE.
18 février 1814.......	MONTEREAU (Bataille de)...	L'EMPEREUR contre le prince DE WURTEMBERG.
22 février 1814.......	MÉRY-SUR-SEINE (Combat de).	GÉNÉRAUX BOYER et GRUYER contre l'avant-garde de SACKEN.
28 février 1814.......	GUÉ-À-TRÊME (Combat de).	GÉNÉRAUX VINCENT et CHRISTIANI contre KLEIST.
1ᵉʳ mars 1814.......	LIZY (Combat de)........	MARMONT contre YORK.
1ᵉʳ mars 1814.......	SAINT-JULIEN sous GENÈVE (Combat de).	GÉNÉRAL DESSAIX contre KLEBELSBERG.

VICTOIRES DE L'ARMÉE FRANÇAISE.

2 mars 1814........	Parme (Combat de).......	Général Grenier contre les Austro-Napolitains.
7 mars 1814........	Craonne (Bataille de).....	L'Empereur contre Blücher.
8 mars 1814........	Berg-op-Zoom (Défense de).	Général Bizanet contre sir Graham.
13 mars 1814........	Reims (Bataille de).......	L'Empereur contre Saint-Priest, *qui est tué*.
25 mars 1814........	Fère-Champenoise (Combat de).	Généraux Pacthod et Amey contre Blücher.
26 mars 1814........	Saint-Dizier (Combat de).	L'Empereur contre Blücher.
31 mars 1814........	Courtrai (Combat de)....	Maison contre Thielmann.
10 avril 1814........	Toulouse (Bataille de)....	Soult contre Wellington.
1ᵉʳ février-3 mai 1814.	Anvers (Défense d')......	Carnot contre sir Graham.
1813-1814..........	Magdebourg (Défense de)..	Le Marois contre Tauenzien.
4 déc. 1813-5 mai 1814.	Hambourg (Défense de)....	Davout contre Beningsen.
16 juin 1815.........	Ligny *ou de* Fleurus (Bataille de).	L'Empereur contre les Alliés.
18 et 19 juin 1815....	Wavre et de Bierge (Combats de).	Grouchy contre Thielmann.
28 juin 1815.........	La Suffel (Combat sur)...	Rapp contre le prince de Wurtemberg.

VICTOIRES DE L'ARMÉE FRANÇAISE.

2 juillet 1815.......	VELIZY et de ROCQUENCOURT (Combats de).	GÉNÉRAUX EXELMANS et PIRÉ contre la CAVALERIE PRUSSIENNE.
4 juillet 1815.......	BELFORT (Combat sous)...	LECOURBE contre COLLOREDO.
5 juillet 1815.......	DORTAN (Combat de)......	DESSAIX contre FRIMONT.
Juin-26 août 1815....	HUNINGUE (Défense de)....	GÉNÉRAL BARBANÈGRE contre l'archiduc JEAN.
8 juin 1823.........	VISILLO (Combat de)......	GÉNÉRAL BORDESOULLE contre PLACENCIA.
13 juillet 1823.......	LORCA (Combat et prise de).	MOLITOR contre les ESPAGNOLS.
28 juillet 1823.......	CAMPILLO DE ARENAS (Combat de).	MOLITOR contre BALLESTEROS.
27 et 28 août 1823....	TARRAGONE (Combats près de).	MONCEY contre les ESPAGNOLS.
31 août 1823........	LE TROCADERO (Prise d'assaut de).	DUC D'ANGOULÊME sur le colonel GARCÈS.
13 septembre 1823....	JAEN (Combat de)........	MOLITOR contre le général RIÉGO.
16 septembre 1823....	PAMPELUNE (Capitulation de)	LAURISTON, de SALVADOR.
20 septembre 1828....	MODON (Prise de)	MAISON sur les TURCS.
30 octobre 1828......	CHÂTEAU DE MORÉE (Prise du).	MAISON sur les TURCS.
19 juin 1830.........	STAOUÊLI (Bataille de).....	BOURMONT contre IBRAHIM-AGA.
5 juillet 1830.......	ALGER (Prise d').........	BOURMONT sur HUSSEIN-BEY.

21 novembre 1830....	LE COL DE TENIAH (Combat de).	GÉNÉRAL CLAUZEL contre BOU-MEZRAG.
2 octobre 1832......	BOUFFARICK (Combat de)..	GÉNÉRAL DE FAUDOAS contre SIDI MAHIDDIN M'BARACK.
23 décembre 1832....	ANVERS (Prise de la citadelle d').	MARÉCHAL GÉRARD sur le général CHASSÉ.
29 septembre 1833....	BOUGIE (Occupation de vive force de).	GÉNÉRAL TREZEL sur les KABYLES.
3 décembre 1833.....	TAMZOUAT (Combat de)....	GÉNÉRAL DESMICHELS contre les ARABES.
3 décembre 1835.....	SIDI-EMBARAK (Combat de).	MARÉCHAL CLAUZEL contre ABD EL KADER.
26 avril 1836........	LA TAFNA (Combat de).. .	GÉNÉRAL D'ARLANGES contre ABD EL KADER.
6 juillet 1836........	LA SICKACH (Combat de)...	GÉNÉRAL BUGEAUD contre ABD EL KADER.
23 novembre 1836....	MANSOURAH (Combat de). [*Retraite de Constantine.*]	COMM^t CHANGARNIER et 300 hommes du 2e léger contre 6,000 ARABES.
13 octobre 1837......	CONSTANTINE (Prise d'assaut de).	GÉNÉRAL VALÉE sur ACHMET-BEY.
14 décembre 1839....	BLIDAH (Combat de)......	GÉNÉRAL RULLIÈRE contre l'infanterie régulière de l'ÉMIR.
31 décembre 1839.....	L'OUED EL-KÉBIR (Combat de).	MARÉCHAL VALÉE contre ABD EL KADER.
2-6 février 1840.....	MAZAGRAN (Défense de)...	CAPITAINE LELIÈVRE et 123 soldats contre 12,000 Arabes, commandés par MUSTAPHA BEN TCHAMY.
28 avril 1840........	AFROUN (Combat d')......	DUC D'ORLÉANS contre les ARABES.

12 mai 1840.........	Le Col de Mouzaïa (Passage de vive force de).	Duc d'Orléans contre les Arabes.
11 avril 1842.........	Mered (Combat de).......	Sergent Blandan, du 26° de ligne, et 22 hommes contre 300 Arabes.
23 avril 1842.........	Bab el-Thaza (Combat de).	Général Bedeau contre les Arabes.
6 juin 1842.........	Les Beni-Menacer (Combat contre).	Général Changarnier.
17 juin 1842.........	Tébessa (Expédition de)...	Général de Négrier.
16 mars 1843.........	Taguin (Combat de), et Prise de la smalah d'Abd el Kader.	Duc d'Aumale contre Abd el Kader.
22 septembre 1843....	Sidi Youssef (Combat de).	Généraux de Lamoricière et Morris contre Abd el Kader.
11 novembre 1843....	L'Oued Malah (Combat de).	Général Tempoure contre Sidi Embareck, *qui est tué.*
17 mai 1844..........	L'Ouarezzeddin (Combat de)	Maréchal Bugeaud contre Ben Salem.
14 août 1844.........	Isly (Bataille d').........	Maréchal Bugeaud contre Muley Mohamed.
19 octobre 1844......	L'Abizzar (Combat de).....	Maréchal Bugeaud contre les Kabyles.
23-26 septembre 1845..	Marabout de Sidi Brahim (Défense du).	Capitaine de Géreaux, du 8° bataillon de chasseurs à pied, contre Abd el Kader.
23 décembre 1845.....	L'Oued Temda (Combat de).	Général Jusuf contre Abd el Kader.
5 février 1846.......	Cherg el-Tebboul (Combat de).	Général Gentil contre Ben Salem et Abd el Kader.

15 mars 1846........	L'Oued Ksa (Combat de)...	Colonel de Saint-Arnaud contre Bou Maza, *qui est blessé*.
24 mars 1846........	Afir (Combat d').........	Général Cavaignac contre les Arabes.
8 avril 1846........	L'Oued Fodda (Combat de).	Duc d'Aumale contre les Arabes.
28 avril 1847........	Moghar el-Fogani (Combat de).	Général Cavaignac contre les Arabes.
16 mai 1847........	Azrou (Combat d').......	Maréchal Bugeaud contre les Beni-Abbès.
18 mai 1847........	Les Ourtilan (Combat contre).	Général Bedeau.
31 mai 1847........	Les Beni-Yala (Combat contre).	Général Bedeau.
21 juin 1847........	Les Ouled Aïdoun (Combat contre).	Général Bedeau.
1ᵉʳ mai 1848........	Les Matmata (Combat contre).	Général Pélissier.
22 septembre 1848....	Les Beni-Achour (Combat contre).	Général de Mac-Mahon.
24 mai 1849........	L'Oued Meroudj-Tlata (Combat de).	Général de Salles contre les Beni-Sliman.
3 juillet 1849.......	Rome (Prise de).........	Général Oudinot sur Mazzini.
26 novembre 1849....	Zaatcha (Prise de).......	Général Herbillon sur les Ziban et les Ouled Nayl.
20 mai 1851.........	Les Beni-Amran (Combat contre).	Général de Saint-Arnaud contre Bou Bagla.

24 juin 1852.........	LES BENI-SNASSEN DU MAROC (Combat contre).	GÉNÉRAL COUSIN DE MONTAUBAN contre EL HADJ MIMOUM.
4 décembre 1852. ...	LAGHOUAT (Prise de)......	GÉNÉRAL PÉLISSIER sur MOHAMED BEN ABDALLAH, chérif d'Ouargla.
21 mai 1853.........	TIZI-SEKKA (Combat de)...	GÉNÉRAL RANDON contre les KABYLES.
20 juillet 1854.......	TAOURIRT (Prise de).......	GÉNÉRAL RANDON sur les KABYLES.
16 août 1854.........	BOMARSUND (Prise de).....	GÉNÉRAL BARAGUEY D'HILLIERS sur les RUSSES.
20 septembre 1854....	L'ALMA (Bataille de)......	MARÉCHAL DE SAINT-ARNAUD contre le prince MENCHIKOFF.
5 novembre 1854....	INKERMANN (Bataille d'). ...	GÉNÉRAL BOSQUET contre le prince MENCHIKOFF.
23 mars 1855........	SÉBASTOPOL (Combat devant).	GÉNÉRAL BRUNET contre le général KROULEF.
2 mai 1855..........	LE BASTION CENTRAL (Combat de).	GÉNÉRAL DE SALLES contre les RUSSES.
24 mai 1855.........	LA QUARANTAINE (Combat de).	GÉNÉRAL DE SALLES contre KROULEF et TODLEBEN.
7 juin 1855.........	LE MAMELON VERT (Prise de vive force de).	GÉNÉRAL BOSQUET sur les généraux KROULEF et TODLEBEN et l'amiral NAKHIMOFF.
16 août 1855........	TRAKTIR ou de LA TCHERNAÏA (Bataille de).	GÉNÉRAL HERBILLON contre le prince GORTCHAKOFF.
8 septembre 1855....	LA TOUR MALAKOFF (Prise de), et ASSAUT DE SÉBASTOPOL.	GÉNÉRAL PÉLISSIER sur le prince GORTCHAKOFF et TODLEBEN.

29 septembre 1855....	KANGHIL (Combat de).....	GÉNÉRAL D'ALLONVILLE contre le général KORFF.
2 juin 1856.........	TAGUERBOUST (Combat de).	GÉNÉRAL MAISSIAT contre les KHERRATA DES BABORS.
28 septembre 1856....	BOU-ASSEN (Combat de)...	MARÉCHAL RANDON contre les BENI-BOU-ADDOU.
4 octobre 1856......	LE DJURJURA (Combat de)..	GÉNÉRAL RENAULT contre les BENI-BOU-ADDOU.
10 novembre 1856....	MESSAB EL-KIS (Combat de).	GÉNÉRAL DE BEAUFORT D'HAUTPOUL contre les BENI-SNASSEN.
24 mai 1857.........	SOUK EL-ARBA (Combat de), et PRISE DE VIVE FORCE DES HAUTEURS DU MASSIF DES BENI-RATEN.	MARÉCHAL RANDON contre les BENI-RATEN.
24 juin 1857........	ICHERIDEN (Combat d')...	GÉNÉRAL DE MAC-MAHON contre les TRIBUS RÉVOLTÉES DE LA KABYLIE.
11 juillet 1857......	L'OUED TIFILCOUT et d'AÏT-ABDALLAH (Combat de)..	GÉNÉRAUX RENAULT, DE MAC-MAHON et JUSUF contre les BENI-TOURAGH.
20 mai 1859.........	MONTEBELLO (Combat de)..	GÉNÉRAL FOREY contre le comte STADION.
31 mai 1859.........	PALESTRO (Combat de)....	FRANCO-SARDES contre le général ZOBEL. [*Le 3ᵉ zouaves décide la victoire.*]
3 juin 1859.........	ROBECCHETTO (Combat de).	GÉNÉRAL DE MAC-MAHON contre le général CORDON.
4 juin 1859.........	MAGENTA (Bataille de).....	NAPOLÉON III contre GIULAY.
8 juin 1859.........	MELEGNANO *ou de* MARIGNAN (Combat de).........	MARÉCHAL BARAGUEY D'HILLIERS contre le corps de BENEDEK.

VICTOIRES DE L'ARMÉE FRANÇAISE.

24 juin 1859.........	SOLFERINO (Bataille de)....	NAPOLÉON III contre l'empereur FRANÇOIS-JOSEPH.
21 août 1860	TA-KOU (Prise des forts de)..	GÉNÉRAL COUSIN DE MONTAUBAN contre le prince SAN-KO-LI-TSIN.
18 septembre 1860....	THANG-KIA-WAN (Combat de).	GÉNÉRAL COUSIN DE MONTAUBAN contre le prince SAN-KO-LI-TSIN.
21 septembre 1860....	PA-LI-KAO (Bataille de)....	GÉNÉRAL COUSIN DE MONTAUBAN contre le prince SAN-KO-LI-TSIN.
6 octobre 1860......	LE YUEN-MIN-YUEN [*palais d'Été*] (Occupation de)...	GÉNÉRAL COUSIN DE MONTAUBAN contre les CHINOIS.
13 octobre 1860......	PÉ-KING (Occupation de la PORTE GANTING, à)......	GÉNÉRAL COUSIN DE MONTAUBAN contre le prince KONG.
28 avril 1862........	LES CUMBRES (Combat de).	GÉNÉRAL DE LORENCEZ contre ZARAGOZA
13 juin 1862.........	CERRO-BORREGO (Combat de).	CAPITAINE DÉTRIE et 140 hommes du 99ᵉ de ligne contre ORTEGA et la division de Zacatecas.
30 avril 1863	CAMERONE (Combat de)....	CAPITAINE DANJOU et 65 hommes de la Légion étrangère contre le général MILAN avec 1,000 fantassins et 800 cavaliers. [*Combat de 9 heures.*]
5 mai 1863...........	SAN-PABLO DEL MONTE (Combat de).	CAPITAINE DE MONTARBY et un escadron du 1ᵉʳ chasseurs d'Afrique contre 1,000 CAVALIERS MEXICAINS.
8 mai 1863..........	SAN-LORENZO (Combat de).	GÉNÉRAL BAZAINE contre COMONFORT.
18 mai 1863.........	PUEBLA (Prise de)........	GÉNÉRAL FOREY sur ORTEGA.

17 mai 1864.........	MATEHUALA (1ᵉʳ combat de).	COLONEL AYMARD contre la division DOBLADO.
22 novembre 1864	JIQUILPAN (Combat de)....	COLONEL CLINCHANT contre ARTEAGA.
4 février 1865.......	GARET-SIDI (Combat de)...	GÉNÉRAL DELIGNY contre SI MOHAMMED BEN HAMZA, *qui est tué*.
10 février 1865.......	HACI-BOUROUBA (Combat de).	COLONEL SÉROKA contre SI LALA.
23 avril 1865........	HUANIQUEO (Combat d')...	COLONEL DE POTIER contre REGULES.
3 décembre 1865.....	EL AÏZEDJ (Combat d')....	COLONEL DE COLOMB contre les TRAFIS et autres tribus insurgées.
16 mars 1866........	BEN HATTAB (Combat de)..	COLONEL DE COLOMB contre SI HAMED BEN AMZA.
20 octobre 1866......	MATEHUALA (2ᵉ combat de).	GÉNÉRAL DOUAI contre les BANDES MEXICAINES.
26 avril 1881........	DJEBEL SEKKEK (Combat de).	GÉNÉRAUX GALLAND et VINCENDON contre les KROUMIRS.
30 avril 1881........	BEN BÉCHIR (Combat de)..	GÉNÉRAL LOGEROT contre les CHIAÏA.
14 mai 1881.........	BEN MÉTIR (Combat de)...	GÉNÉRAL LOGEROT contre les KROUMIRS.
14 et 16 décembre 1883.	SON-TAY (Combat et prise de).	CONTRE-AMIRAL COURBET contre les PAVILLONS-NOIRS.
12 mars 1884........	BAC-NINH (Combat et prise de).	GÉNÉRAL MILLOT contre les CHINOIS.
26 janvier-3 mars 1885.	TUYEN-QUAN (Défense de)...	COMMANDANT DOMINÉ contre les CHINOIS.

www.ingramcontent.com/pod-product-compliance
Lightning Source LLC
Chambersburg PA
CBHW070320100426
42743CB00011B/2496